LES GROSSES MACHINES

LES GROS ENGINS DE CHANTIER

Tracy Nelson Maurer

TABLE DES MATIÈRES

Un livre de la collection
Les jeunes plantes de Crabtree

Crabtree Publishing
crabtreebooks.com

Les gros engins de chantier

Une **équipe** de grosses **machines** déplace de la terre et autres **matériaux** sur un chantier de construction—ils font beaucoup de BRUIT!

Un bouteur semble grogner quand il pousse des rochers ou déplace des arbres.

Une décapeuse racle le sol.

Les décapeuses ressemblent à des chenilles affamées qui rampent sur un chantier de construction.

La pelle d’un engin de terrassement prend de grosses bouchées dans la terre.

Les engins de terrassement travaillent souvent dans les mines ou sur les grands chantiers de construction.

Une grue à tour déplace sa **flèche** au bon endroit pour soulever des matériaux pour les travailleurs.

Les grues peuvent utiliser une pelle, un crochet ou un godet pour déplacer des matériaux.

flèche

godet

Un chargeur à direction à glissement tournoie dans les espaces restreints.

Les chargeurs à direction à glissement peuvent utiliser plusieurs outils, comme un godet ou des griffes, pour soulever des matériaux.

Les chargeuses frontales transportent aussi de la terre et des rochers, comme un chargeur à direction à glissement.

camion à benne

On déverse un chargement de rochers dans un camion à benne.

Plus tard, le camion à benne incline sa benne pour en vider le contenu.

rouleau

Les rouleaux compresseurs sifflent en lissant les matériaux utilisés pour faire les routes.

Les chantiers de construction ont besoin de machines, mais ils ont aussi besoin de travailleurs.

Grogne! Gronde! Wouuuh! Siffle!
Les chantiers de construction sont des endroits animés et bruyants.

Glossaire

équipe (é-kip) : Une équipe est un groupe de personnes.

flèche (flèch) : Une flèche est un long bras en métal.

machines (ma-chine) : Les machines sont des pièces d'équipement qui servent à faciliter le travail.

matériaux (ma-té-rio) : Les matériaux sont des choses nécessaires pour la construction, comme l'acier ou les outils.

Soutien de l'école à la maison pour les parents, les gardiens et les enseignants

Ce livre aide les enfants à se développer grâce à la pratique de la lecture. Voici quelques exemples de questions pour aider le lecteur ou la lectrice à développer ses capacités de compréhension. Les suggestions de réponses sont indiquées en rouge.

Avant la lecture

- De quoi ce livre parle-t-il?
  - *Je pense que ce livre parle de la construction de maisons.*
  - *Je pense que ce livre parle des gens qui construisent de grandes choses.*

- Qu'est-ce que je veux apprendre sur ce sujet?
  - *Je veux savoir quels sont les emplois sur un chantier de construction.*
  - *Je veux apprendre au sujet des grues.*

Pendant la lecture

- Je me demande pourquoi...
  - *Je me demande pourquoi les engins de terrassement ne basculent pas.*
  - *Je me demande pourquoi les camions à benne peuvent s'ouvrir à l'arrière.*

- Qu'est-ce que j'ai appris jusqu'à présent?
  - *J'ai appris que les engins de terrassement ont une grosse pelle pour déplacer les objets lourds.*
  - *J'ai appris que les bouteurs peuvent déplacer de gros rochers.*

Après la lecture

- Nomme quelques détails que tu as retenus.
  - *J'ai appris que les engins de terrassement travaillent dans les mines et sur les chantiers de construction.*
  - *J'ai appris que les grues utilisent une pelle, un crochet ou un godet pour déplacer des matériaux lourds.*

- Lis le livre à nouveau et cherche les mots de vocabulaire.
  - *Je vois le mot **équipe** à la page 2 et le mot **flèche** à la page 8. Les autres mots du glossaire se trouvent à la page 22.*

Indice

Crabtree Publishing

crabtreebooks.com 800-387-7650

Version imprimée du livre produite conjointement avec Blue Door Education en 2021.

Autrice : Tracy Nelson Maurer
Traduction : Annie Evearts

Paperback	978-1-0396-0802-3
Ebook (pdf)	978-1-0396-0806-1
Epub	978-1-0396-0810-8
Read-along	978-1-0398-0324-4
Audio book	978-1-0396-6655-9

Imprimé au Canada/032024/CPC20240312

Publié au Canada par Crabtree Publishing
616 Welland Avenue
St. Catharines, Ontario
L2M 5V6

Publié aux États-Unis par Crabtree Publishing
347 Fifth Avenue
Suite 1402-145
New York, NY 10016

Références photographiques : www.shutterstock.com, istock.com- Ket4up, leksandar_Gavrilovic COUVERTURE : sirene68. P. 2-3; Juan-Enrique, Grafikactiva, takenobu. P. 4-5; Windofchange64, roman023. P. 6-7; Petair | Shutterstock.com, inset photo zhaojiankang. P. 8-9; bullstar69, AlexLMX/ PG10-11; Roman Korotkov-shutterstock. com/ P. 12-13; Andriy Solovyov. P. 14-15; TFoxFoto. P. 16-17; i-Stockr. P. 18-19; baphotte. P. 20-21; lamontak590623, SeventyFour. P. 24; istock.com/VladisChern

Catalogage avant publication de Bibliothèque et Archives Canada
Titre: Les gros engins de chantier / Tracy Nelson Maurer ; texte français d'Annie Evearts.
Autres titres: Big construction machines. Français.
Noms: Maurer, Tracy Nelson, auteur.
Description: Mention de collection: Les grosses machines | Les jeunes plantes de Crabtree | Traduction de : Big construction machines. | Comprend un index.
Identifiants: Canadiana (livre imprimé) 20210260777 | Canadiana (livre numérique) 20210260815 | ISBN 9781039608023 (couverture souple) | ISBN 9781039608061 (HTML) | ISBN 9781039608108 (EPUB)
Vedettes-matière: RVM: Construction—Équipement—Ouvrages pour la jeunesse. | RVMGF: Documents pour la jeunesse.
Classification: LCC TH900 .M2814 2022 | CDD j624.028/4—dc23